BENTO DE NÚRSIA

Sua mensagem hoje

ANSELM GRÜN

BENTO DE NÚRSIA

Sua mensagem hoje

IDÉIAS & LETRAS

DIRETORES EDITORIAIS:
Carlos Silva
Marcelo Araújo

EDITORES:
Avelino Grassi
Roberto Girola

TRADUÇÃO:
Inês Antonia Lohbauer

COORDENAÇÃO EDITORIAL:
Elizabeth dos Santos Reis

COPIDESQUE E REVISÃO:
Leila Cristina Dinis Fernandes

DIAGRAMAÇÃO:
Alex Luis Siqueira Santos

CAPA:
Erasmo Ballot

TÍTULO ORIGINAL:
Benedikt von Nursia
Vier-Türme GmbH, Verlag Münsterschwarzach, 2004
ISBN 3-87868-124-0
ISSN 0171-6360

IDÉIAS & LETRAS

Editora Idéias & Letras
Rua Pe. Claro Monteiro, 342 - Centro
12570-000 Aparecida-SP
Tel. (12) 3104-2000 - Fax (12) 3104-2036
Televendas: 0800 16 00 04
vendas@ideiaseletras.com.br
www.ideiaseletras.com.br

Dados Internacionais de Catalogação na Publicação (CIP)
(Câmara Brasileira do Livro, SP, Brasil)

Grün, Anselm
Bento de Núrsia: sua mensagem hoje / Anselm Grün; [tradução de Inês Antonia Lohbauer]. - Aparecida, SP: Idéias & Letras, 2006. - (Coleção Mais Vida)

Título original: Benedikt von Nursia: Seine Botschaft heute.
Bibliografia.
ISBN 85-98239-66-6

1. Beneditinos 2. Bento, Santo, Abade de Monte Cassino, ca. 480-ca. 547 3. Bento, Santo, Abade de Monte Cassino, ca. 480-ca 547. Regras I. Título. II. Série.

06-2761 CDD-271.102

Índices para catálogo sistemático:

1. Bento, de Núrsia : Biografia e obra 271.102

Sumário

Introdução

Muitas vezes quando recebemos hóspedes em nosso convento, por alguns dias, eles ficam fascinados com a estrutura clara de nosso cotidiano. E sentem nela algo do benéfico espírito de Bento, que marca nossa vida. Quando se despedem, para voltar para casa, sempre gostam de saber como eles podem resgatar esse espírito de Bento em seu dia-a-dia. Buscam para suas vidas formas harmoniosas que os deixem respirar mais livremente. Sofrem com o abandono da tradição em suas paróquias. Apesar de essas pessoas não serem conservadoras, em sua maioria, elas sentem falta das raízes das quais nós cristãos vivemos. No convento, elas aprenderam que podem viver a partir das raízes de Bento, sem simplesmente se agarrarem ao que é antigo. Sentem que a tradição também é uma bênção. Quando nossa fé esquece suas raízes, logo se torna superficial e banal.

Bento não nos dá uma resposta a todas as perguntas que hoje nos afligem. Mas quando observamos esse homem no cenário de sua época tumultuada, suas recomendações adquirem para nós, hoje, uma nova atualidade. Em vários aspectos a era da globalização assemelha-se à época de Bento, da migração dos povos. Nossa época é caracterizada pela constante flexibilidade. Porém, muitas vezes a alma não a acompanha. Reage com depressões, para mostrar que lhe faltam a segurança e a clareza. Bento respondeu à constante mobilidade de sua época com a demanda por "stabilitas", a estabilidade. Acolheu pessoas de diversos povos em sua comunidade, contribuindo assim para a integração dos estrangeiros. Ele respondeu à constante curiosidade de seu tempo, à constante ânsia por "events", por "panem et circensis", pão e diversão, com o recolhimento à quietude. Assim, espero que os leitores encontrem na mensagem de Bento uma resposta a algumas de suas perguntas e anseios.

I
A FIGURA DE BENTO

Quando, depois de 1.500 anos, ainda se fala de uma pessoa e cobre-se esta pessoa de honrarias com o título de "Pai do Ocidente" ou "Padroeiro da Europa", então é porque ela deve ter sido uma pessoa excepcional. Mas quando olhamos para a história e tentamos esboçar um retrato de Bento, então nos decepcionamos rapidamente. As datas históricas da vida e das ações de Bento são muito incertas e não nos fornecem informações suficientes para que possamos estabelecer um retrato claro desse homem. A pessoa de Bento sempre escapa de nossas mãos. Não conseguimos apresentá-la tão concretamente como, por exemplo, se costuma apresentar a de São Francisco. Não é a pessoa de Bento que está em primeiro plano, mas sua obra. O próprio Bento coloca-se por trás de sua obra. Ele vive toda a sua vida seguindo sua regra conventual, a *Regula Benedicti (RB).* Por meio dela é que ele continua atuando no presente, e determina até hoje a vida de inúmeros monges e freiras em todo o mundo. Bento pregou um modelo de vida que, ao longo dos séculos, sempre foi adotado com gratidão e vivenciado como um caminho à maturidade humana, em sua busca por Cristo.

Portanto, que tipo de ser humano foi esse, cujos ensinamentos continuam válidos depois de 1.500 anos e continuam formando as pessoas? Não conhecemos os pormenores da vida de Bento, que certamente estão na história documentados. Mas conhecemos seu ser. Por trás de suas Regras, há a luz daquele ser que nos pôde dar essas recomendações. O que transparece nas palavras das Regras é que Bento deve ter sido uma pessoa simples, um homem que conhecia as fraquezas e as forças das pessoas por experiência própria, era uno consigo mesmo, moderado, capaz de guiar os outros, curar os fracos e doentes, instilar-lhes coragem e esperança, um homem que, reconciliado consigo mesmo, reconciliava as pessoas entre si e promovia uma atmosfera de paz a seu redor. Deve ter sido uma pessoa com muita fé. Pois, no meio de um mundo confuso, Bento, sempre confiante e sem se queixar dos tempos adversos, conseguiu construir uma comunidade de monges.

A vida de Bento pode ser contada rapidamente. Ele nasceu por volta do ano 480, em Núrsia, a atual Norcia, nas montanhas Sabinas, da Itália Central. Em seus anos de juventude foi a Roma estudar. Naquela época Roma já perdera sua importância como capital do Império e era a imagem da decadência. Enojado com a decadência moral da cidade, Bento interrompeu os estudos e se recolheu ao isolamento. Primeiro, ele se juntou a uma comunidade de ascetas em Enfide. Mas, pouco tempo depois, desligou-se da comunidade e abrigou-se numa caverna em Subiaco, durante três anos.

A caverna é como um colo de mãe. Nela, Bento vivenciou um renascimento. Mas como todo nascimento, o seu também estava ligado às dores. Teve de encarar sua própria verdade, seus lados de sombra, seus medos, sua finitude. Passou por todas as etapas da experiência espiritual do monacato oriental. Os primeiros monges cristãos, que se recolhiam às regiões desérticas do Egito no século IV, colocavam-se radicalmente diante da própria verdade. Nesses lugares eles enfrentavam as tentações do demônio. Para eles, os demônios eram as imagens de todas as paixões e emoções que nos ameaçam dominar. O trato correto com as paixões devia ser aprendido com muito esforço. Na caverna de Subiaco, Bento vivenciou o risco a sua condição humana e ao mesmo tempo um novo nascimento.

"Enquanto ele estava sozinho, o demônio estava com ele." É assim que o Papa Gregório descreve essa época da vida de Bento, no segundo livro de sua biografia dialogicamente compilada do pai dos monges. Em sua caverna, Bento se expôs às tormentas das paixões e lutou contra elas. E saiu vencedor. Encontrou a paz e a sintonia consigo mesmo. Daquele momento em diante, ele passou a irradiar serenidade e calma. Saiu da caverna como um recém-nascido.

A vitória de Bento contra as tentações da existência humana deu-lhe a capacidade de ser um mestre para os outros. As pessoas iam até ele, primeiro os pastores da região. Queriam que ele lhes transmitisse a mensagem de Cristo. Num convento próximo se ouviu falar dele e ele foi escolhido como seu prior. Mas, provavelmente, para esses monges Bento era severo demais. Por fim, tentaram envenená-lo, para dele se livrarem e poderem continuar vivendo suas vidas burguesas, religiosamente dissolutas. Bento abandonou o convento e retirou-se novamente a sua "querida solidão, e diante da visão de Deus passou a morar sozinho, no isolamento".[1] "Passou a morar consigo mesmo", "retirou-se para dentro de si mesmo", "permaneceu dentro de si mesmo", com essas palavras Gregório explica uma postura característica do santo. Bento permanecia consigo mesmo, ele não se dispersava em ações. Em suas atividades também permanecia consigo mesmo, envolvia-se por inteiro no que fazia, sem se deixar desviar de seu centro. Estava sempre em contato com sua essência interna, com seu verdadeiro eu. Estava em contato com o mundo interior de sua alma. A partir desse centro é que ele se tornava ativo.

A transformação de Bento em uma pessoa totalmente consigo mesma e em sintonia com seu eu não

---

[1] Gregório, o Grande. *Der hl. Benedikt.* Livro II dos diálogos, latim/alemão, editado por encomenda da Conferência da Abadia de Salzburgo, Santa Otilia, 1995, p. 3.

permaneceu sem resposta em sua região. Discípulos reuniam-se a seu redor, não convocados por ele, mas, como dizia Gregório, reunidos pelo próprio Deus. Para eles, Bento fundou doze pequenos mosteiros. Para cada um deles nomeou um *Abbas*, um monge experiente e "pai", para assumir a função de prior. Ele mesmo assumiu a direção geral. A colônia monacal floresceu. Cada vez mais nobres romanos traziam seus filhos para que Bento os educasse. Mas isso despertou a inveja de um sacerdote vizinho, que levou belas jovens para dançar diante das celas dos monges, a fim de tentá-los. Bento esquivou-se das provocações do sacerdote e mudou-se para o Monte Cassino. A tradição define o ano de 529 como o ano da fundação do Monte Cassino, o mesmo ano em que a escola pagã de filosofia em Atenas fechou suas portas. Surgiu uma nova escola, uma "escola do Senhor", como foi chamada no prólogo à Regra de Bento. No Monte Cassino, Bento construiu uma nova comunidade de monges e escreveu uma Regra para ela. Essa Regra é a coisa mais preciosa que Bento nos deixou. Nela está escrito quem ele foi, em profundidade, e como viveu. Na biografia de Bento, nos "diálogos", Gregório nos escreve da unidade entre sua Regra e sua vida.

> Ele escreveu uma regra para monges, caracterizada por sábios preceitos de comportamento e palavras iluminadas. Se alguém quiser, a partir dela, conhecer melhor a transformação e as ações do mestre, poderá

> encontrar nela toda a sua vida; pois era impossível o homem santo ensinar algo que fosse incoerente com a forma na qual vivia.[2]

Por muito tempo, pensou-se que a Regra fosse a obra mais pessoal de Bento. Mas novas pesquisas mostraram que, ao escrever sua Regra, Bento baseou-se fortemente em documentos já existentes, sobretudo na assim chamada *Regula Magistri*, a regra conventual de um "mestre" anônimo. Mas justamente na comparação com esse documento anterior podemos ver a originalidade e a verdadeira grandeza de Bento. Diante de uma visão pessimista, desconfiada e muitas vezes rigorosa do ser humano na *Regula Magistri*, Bento mostrava uma postura plena de confiança diante de seus monges. A confiança na essência boa do ser humano não era natural, numa época em que os partidos rivais se enfrentavam com crueldade, numa época em que a força dos costumes da cultura romana já estava em decadência e não se vislumbrava mais nenhuma nova contribuição a uma vida em comum pacífica dos seres humanos. Nesses tempos de desconfiança, nos quais as pessoas conviviam num clima de medo e desconfiança, Bento teve a coragem de acreditar na bondade das pessoas e liderar seus monges, não por meio do rigor desconfiado, mas da confiança, da bondade e do amor fraternal.

---

[2] *Idem*, p. 36.

Comparando a Regra com seus documentos anteriores, podemos desenhar a seguinte imagem de seu autor: Bento era uma personalidade equilibrada. Todas as suas recomendações mostravam uma postura sábia. Ele não pretendia sobrecarregar ninguém. Ele conhecia as fraquezas humanas, ele sabia que os monges também eram seres humanos que precisavam enfrentar problemas humanos comuns, como rivalidades, insatisfações, mau humor, acomodação, brigas e rejeições. Bento encarava essas fraquezas, ele não se perturbava pelo fato de ter de considerar, como abade, as insuficiências humanas, mas tentava colocar-se do lado delas e curar as pessoas que sofriam com elas. Nas palavras de Bento, percebemos que ele não era apenas um realista, mas também um otimista, que não se deixava dominar pela resignação ou pela ironia diante das fraquezas humanas, mas conseguia viver sereno e calmo no meio da confusão humana, com um humor profundo e uma forte confiança na graça de Deus. Bento não se considerava um líder espiritual, que pretendia realizar feitos excepcionais com seu grupo de monges só para se sentir orgulhoso, mas sim como um médico, cuja missão era curar pessoas fracas e doentes e capacitá-las a servir na escola do Senhor.

Para ser tão equilibrada e sábia, a pessoa precisa ter lutado muito consigo mesma. A sabedoria que se sobressai da Regra deixa-nos concluir sobre a experiência que Bento realizou consigo mesmo. Ele não se desviou do caminho das tentações e dos perigos do mal, mas em sua luta pela iluminação interior olhou para os abismos de sua existência humana, e assim nada do que é humano permaneceu estranho para ele. Mas possuía também o poder da graça, que nos pode curar. Tornou-se um médico sábio, habilidoso no lidar com as pessoas, não as assustando com grandes exigências, mas as aceitando em suas fraquezas e conseguindo curá-las.

A repercussão das ações de Bento na época em que ele viveu foi bastante limitada. Construiu sua comunidade e a dirigiu até sua morte, que provavelmente ocorreu no ano de 547. Gregório fala da prédica de Bento ao povo pagão, de seu encontro com o rei dos godos Totila que, profundamente impressionado com o santo, passou a ser menos cruel. Procuramos em vão em sua biografia pôr uma prova dessa repercussão, como nos é apresentada pelos títulos "Pai do Ocidente" ou "Padroeiro da Europa". Toda a repercussão de suas ações limita-se a *Regula Benedicti*, e através dela Bento continua a viver. Nela ainda podemos sentir o espírito de Bento – um espírito que hoje continua a nos transmitir liberdade e amplitude, suavidade e bondade, força e clareza.

Bento não fala de si e de sua pessoa, mas em sua Regra ele indica um caminho trilhado ao longo dos séculos por milhares de monges e freiras, a quem ele ajudou bastante. A Regra nunca foi considerada apenas um caminho para cristãos de ordens religiosas. Na Idade Média ela foi também usada como um guia educacional para os filhos da nobreza, e como "espelho dos príncipes", um manual para um reinado sábio. Aparentemente nele estão expressas experiências férteis para a educação e a orientação de pessoas. Mas hoje só conseguimos entender corretamente o espírito da Regra quando não consideramos a *Regula* como um livro de leis, que pretende regulamentar tudo com precisão, mas como a concretização de nossa fé no dia-a-dia. Não se trata de aceitar a regra literalmente, mas entender o espírito que ela respira, para que possamos superar os obstáculos de nossa vida a partir desse espírito.

A história da influência de Bento nos estimula a perguntar o que Bento nos quer dizer hoje, qual é sua mensagem hoje – não apenas para os monges, mas para todos os que estão buscando Deus. Para isso podem ser destacados alguns traços característicos de sua mensagem, traços que parecem importantes especialmente para nossa situação atual. Cada época enfatiza pontos diferentes ao interpretar Bento. Uma delas enfatiza sua valorização do artesanato, outra a força cultural criadora de sua Regra, depois novamente seu amor pela liturgia, seu sentido de ordem, sua sábia postura de moderação. Cada época inclui na visão de Bento também as próprias aflições e a ânsia pela superação delas. Assim, surge sempre uma imagem subjetiva. Isso é totalmente legítimo. Mas a imagem precisa sempre ser redimensionada de acordo com a figura e as palavras originais de Bento, para que não lhe sejam atribuídas coisas e idéias que não têm mais nada a ver com ele. Assim, o próprio Bento deverá assumir a palavra, em seguida, tendo como pano de fundo as perguntas que hoje são especialmente significativas para nossa busca por uma vida espiritual mais profunda.

II
A MENSAGEM DE BENTO

A vida na presença de Deus

Quando lemos livros espiritualistas, encontramos sempre queixas sobre a ausência de Deus. Deus ficou distante de nós, não temos mais sensibilidade para a presença de Deus em nossa vida. Falamos da "secularização" e da "mundaneidade" do mundo, as quais não vivenciamos mais Deus. São dois os caminhos propostos: um deles é o envolvimento puramente mundano, o trabalho no mundo, ou mais concretamente a ajuda às pessoas, para um incremento da humanização como missão essencial dos cristãos. E o outro consiste no recolhimento à própria interioridade, na meditação como caminho à quietude, ao silêncio, como distanciamento do ruído do mundo. Muitas vezes esses dois caminhos estão separados. Os que estão envolvidos no mundo não encontram tempo para a meditação. E alguns, entusiastas do misticismo, acham banal demais a ajuda concreta para um mundo melhor. Uma tentativa de interligar os dois pólos foi feita no Programa do Concílio da Juventude que Roger Schutz, o prior de Taizé, divulgou: "Luta e contemplação". Trata-se de permitir que nossas ações fluam a partir da oração e da meditação, e que ao agirmos permaneçamos em nós mesmos e em Deus, como Gregório nos contou a respeito de Bento.

Bento nos mostrou o caminho a uma feliz síntese de ação e contemplação, de atuação e observação espiritual de motivação cristã, de misticismo e política, pois ele não separa a interioridade e o engajamento, a relação com Deus e o estar no mundo. Para Bento, toda a nossa vida acontece na presença de Deus. Por isso é que em todos os lugares estamos com Deus, até mesmo em coisas bem mundanas, nas transações mais banais do cotidiano. Ele adverte o "Celerário", o chefe da administração e dirigente financeiro da comunidade: "Considero todos os equipamentos do convento e o conjunto da propriedade como equipamentos sagrados de um altar".[1] O trato com os equipamentos de trabalho, a administração do patrimônio, o manuseio do dinheiro, para Bento tudo isso não era algo profano, mas tinha a ver com Deus. Em sua recomendação ao Celerário, Bento menciona uma profecia de Sacharja, que diz que todos os dias cada panela em Jerusalém será uma propriedade

[1] *Die Regel des hl. Benedikt*, editado por encomenda da Conferência da Abadia de Salzburgo, Beuron, 1990. Todas as citações marcadas no texto com "RB". Neste caso, p. 31.

sagrada do Senhor *(Sacharja 14, 20s.)*. Portanto, o administrador deverá encarar a propriedade do convento como propriedade de Deus, como algo que indica a plenitude no reino de Deus. Na administração das coisas deste mundo, o monge encontra o Deus da promessa, que já está presente no aqui e agora. Ele não precisa primeiro separar-se do mundo para estar com Deus, mas no mundo ele já está em Deus e nas coisas, e também já está com o criador das coisas.

No quarto capítulo de sua Regra, Bento mostra o que significa viver na presença de Deus: "É saber com toda a certeza que Deus está nos olhando, em todos os lugares". E no sétimo capítulo ele descreve, em mais detalhes, o que significa ser visto e observado por Deus em todos os lugares. O monge deve saber que:

> Deus olha do céu a toda hora para ele, e em todos os lugares vê o que ele faz; os anjos lhe informam isso a todo o momento. O profeta nos chama a atenção que Deus está sempre presente em nossos pensamentos: "Deus nos coloca à prova em nosso coração e em nossos rins" *(Salmo 7,10; RB 7,13s.)*.

Para mim, viver na presença de Deus quer dizer, em primeiro lugar, permitir que Deus olhe sempre profundamente em meu coração; que eu exponha a ele todos os meus pensamentos e sentimentos, para que ele me pergunte até onde eu me apego a mim mesmo, até onde estou disposto a me entregar a Deus. A vida na presença de Deus é um constante processo de purificação. Todos os sentimentos e pensamentos que surgem em minha atividade diária, seja no trabalho ou na oração, são mantidos à luz da visão penetrante de Deus, para serem iluminados por ele. Assim, a vida diante de Deus nos leva a um autoconhecimento cada vez mais profundo. Nada permanece oculto à luz de Deus, nenhuma vivência não superada, nenhum sentimento confuso, nenhum desejo e necessidade, nenhum pensamento e emoção. Vivendo diante de Deus encontramos a nós mesmos, a todo instante. O próprio Deus nos confronta com nossa realidade, para que possamos reconhecê-la e deixar que ele a purifique.

Mas para Bento a vida na presença de Deus tem outro aspecto. Deus está presente como aquele que nos fala. A iniciativa parte de Deus. Isso se torna evidente no prólogo à Regra, quando Bento escreve:

> Vamos abrir nossos olhos à luz divina e olhar, e vamos ouvir com os ouvidos bem abertos o que a voz de Deus nos quer dizer diariamente:
>
> "Hoje, quando ouvirem sua voz, não endureçam seus corações!" *(Salmo 94,8)*. E por outro lado: "Quem tiver ouvidos para ouvir, ouça o que o Espírito diz aos congregados!" *(Revelação 2,7)*. E o que ele diz? "Venham, filhos, ouçam-me! Quero ensinar-lhes a temer a Deus *(Salmo 33,12)*. "Corram, enquanto tiverem a luz da vida, para que as sombras da morte não os alcancem" *(João 12,35)*. E o Senhor procura na multidão alguém

> que trabalha para si, e lhe diz: "Quem é a pessoa que ama a vida e deseja ver dias bons?" *(Salmo 33,13)*. Quando você ouve isso e responde: "Eu", Deus diz a você: "Se você quiser uma vida verdadeira e eterna, preserve sua língua da fala maldosa e seus lábios da falsidade! Evite o mal e faça o bem; busque a paz e vá atrás dela!" *(Salmo 33,14)*. "Quando vocês o fazem, meus olhos olham para vocês, e meus ouvidos ouvem suas orações *(cf. o Salmo 33,16)*; e ainda, antes de me chamarem, eu lhes digo: 'Vejam, estou aqui'" *(Cf. Jesaja 58,9; RB prólogo 9–18)*.

Deus nos fala antes mesmo de lhe dirigirmos a pergunta. Ele nos fala com as palavras da Escritura. Bento coloca as palavras da Escritura na boca de Deus, de tal forma que se tornam palavras dirigidas a nós, pessoalmente. Não é nenhuma palavra abstrata, mas palavras com que Deus fala comigo concretamente, agora, em minha situação atual. Para Bento, não existe diferença temporal entre as falas de Deus na Bíblia e nós, hoje. As palavras da Escritura são hoje palavras do Deus atual, ditas para nós. E o que importa é viver com a palavra de Deus e a partir de sua palavra. Com sua palavra, Deus quer elucidar-nos os acontecimentos concretos do dia-a-dia e tornar sempre perceptível sua presença em nosso cotidiano.

Quando, por exemplo, estamos numa reunião de trabalho, em que as emoções e agressões dos participantes impedem uma conversa objetiva, e nos lembramos das palavras que Bento cita no prólogo: "Veja, estou aqui" *(Jesaja 58,9)*, então o próprio

Deus se torna presente no meio daquela conversa que perdeu as perspectivas de ser bem-sucedida. Ele traz outra dimensão à atmosfera envenenada da reunião, transforma a situação, na medida em que, por meio de sua presença, ele nos faz acreditar numa solução, apesar da teimosia e da intolerância dos participantes. A presença de Deus relativiza os pontos de vista contrários e nos possibilita a visão das coisas de um ângulo mais abrangente e superior.

A presença de Deus não é uma coisa sempre igual, não é como um ambiente impessoal que nos cerca, mas tem o efeito de uma pessoa de confiança, que nos fala constantemente. Naturalmente, para Bento Deus é também o espírito que nos permeia. Mas não nos fundimos com Deus. Não nos esvaímos em Deus. Na verdade, Deus sempre nos confronta, como alguém que nos desafia. Conforme a situação ou a palavra com que ele se dirige a nós, ele vem a nosso encontro sempre de uma maneira nova e muitas vezes surpreendente. Quando estamos sozinhos em nosso quarto, em silêncio, vivenciamos Deus nas palavras: "Veja, estou aqui", de forma diferente da que nos lembramos delas quando numa discussão com um colega. Nunca vivenciamos Deus como uma atmosfera divina desvinculada, mas sempre como uma pessoa que se confronta conosco e nos desafia. Deus quer modificar-nos por meio de suas palavras, quer libertar-nos de nossas posturas errôneas e preencher-nos com seu espírito.

No capítulo "Sobre a humildade", Bento nos mostra que o processo de purificação interior do monge é acionado pelas palavras de Deus. Nos doze degraus da humildade ele descreve o caminho espiritual do monge. Cada degrau desse caminho situa-se sob uma palavra da Escritura. O monge deve treinar as posturas exigidas pelo caminho pronunciando uma palavra de Deus para cada uma. Assim, no segundo degrau, ele deve memorizar a palavra: "Não vim para realizar minha vontade, mas a vontade daquele que me enviou" *(João 6,38)*. E no sexto degrau, para tudo o que ele tiver sido designado, deve dizer: "Tornei-me um nada, e sem nenhum conhecimento. Estive diante do Senhor como um animal de carga, e ainda estou" *(Salmo 72,22s.)*. As palavras de Deus não me dizem simplesmente o que devo fazer, mas elas me transformam, elas operam em mim o que querem dizer. Quando Bento deixa o monge falar sobre coisas adversas e difíceis: "Podemos superar tudo isso por meio daquele que nos amou" *(Romanos 8,37; RB 7,39)*. Essas palavras ajudam-no a superar a adversidade, a não se deixar abalar por ela e a não se tornar amargurado, mas, pelo contrário, a vencê-la com a confiança no Senhor e em sua presença. Para Bento viver espiritualmente é essencialmente viver na presença de Deus, viver a partir das palavras de Deus. Aquele que se dispõe sempre a ouvir a palavra de Deus transforma-se cada vez mais naquilo que a palavra expressa, liberta-se de sua estreiteza e de seu egoísmo e torna-se pleno do espírito de Deus. A ascese do monge consiste em se deixar transformar pelo Deus presente e sua palavra, e com isso crescer cada vez mais no amor de Cristo.

A idéia de viver na presença de Deus impregna as recomendações de Bento à oração. Como Deus é aquele que nos fala, precisamos primeiro nos abrir a sua palavra, precisamos deixar que fale conosco. Isso ocorre na leitura de sua palavra. Hoje corremos o risco de evitar esse "deixar que nos fale", achamos que nós mesmos devemos produzir orações constantemente, e nem percebemos o quanto nossas orações se transformam em tagarelice. Ou então nos retraímos no silêncio, fugimos da palavra e nos calamos, achando que o mergulho no silêncio já é um encontro com Deus.

Primeiro vem a palavra de Deus, que nos toca, nos questiona, nos magoa e nos corrige, mas também nos cura e nos liberta. Tanto a oração quanto o silêncio só podem ser uma resposta à palavra de Deus e não podem antecipar-se a ela. Assim Bento recomenda que a oração seja freqüente, mas breve. Nela o monge deve responder à palavra de Deus e expressar sua disposição de atender a exigência de Deus também nas ações. Por isso, não encontramos em Bento um ensinamento da oração mística, mas recomendações muito triviais de abrir nosso dia-a-dia, em qualquer situação, sempre em direção a Deus. Portanto, o determinante não é nossa ação, mas a vida a partir de Deus, em sua presença, na atenção a sua palavra, que se dirige a nós e nos mostra o caminho. Na oração, o monge responde que ouviu a palavra de Deus e está disposto a segui-la.

Mas viver na presença de Deus não quer dizer pensar em Deus constantemente. Isso nos fragmentaria internamente e nos sobrecarregaria. Trata-se muito mais de nos abrir a uma realidade, entregar-nos ao Deus que nos cerca. Assim, a introdução na presença de Deus não consiste num treinamento de concentração, mas, pelo contrário, num abandono de si mesmo, numa entrega à realidade de Deus, na qual nos movimentamos e nos situamos. Por isso, essa introdução deve passar muito menos pela cabeça do que pelo corpo.

Nosso coração deve repousar no Deus presente, nossos gestos, nossa postura corporal, nosso jeito de falar, de ficar de pé e de andar, o conjunto interior de tudo o que fazemos, devem testemunhar a vivência da presença de Deus. Por isso, Bento não tem medo de escrever sobre o jeito correto de falar e de dar conselhos concretos sobre a postura corporal:

> O décimo primeiro degrau da humildade: o monge diz as coisas quando pronuncia poucas palavras sensatas, tranqüilamente e sem risos, com humildade e dignidade, e sem fazer alarde, como está escrito: "Reconhece-se o sábio em suas poucas palavras" *(RB 7,60s.).*

A vivência da presença de Deus estende seu efeito até na voz e nos gestos do corpo:

> O décimo segundo degrau da humildade: o monge não deve ser humilde apenas no coração, mas toda a sua postura corporal deve tornar-se uma expressão constante de sua humildade para todos aqueles que o vêem. Isso quer dizer: na missa, no oratório, no convento, no jardim, a caminho de algum lugar, no campo, onde quer que ele se sente, ande ou fique parado, ou de pé, deve manter sua cabeça sempre baixa com o olhar dirigido para o chão *(RB 7,62s.)*.

Segundo Bento, a vida na presença de Deus impregna toda a vida humana, a oração, o trabalho, a forma de lidar com a criação e as relações com o semelhante. Para Bento, a "solidariedade", o grande lema de nossos tempos, não estabelece um contraste com um amor devoto por Deus. A dimensão social já é sempre religiosa. No irmão e na irmã encontramos o próprio Cristo. Para Bento, a crença em Deus se concretiza numa crença na boa essência de nosso semelhante. Por isso, a crença se expressa numa nova maneira de nos relacionarmos uns com os outros. Para Bento essa é a base da verdadeira humanidade. Não é apenas uma idéia construtiva, mas é a realidade com a qual nos defrontamos sempre nas situações cotidianas. No capítulo sobre o conselho de irmãos, Bento diz que a abadia deve chamar todos os irmãos para o conselho, porque "muitas vezes o Senhor revela a um discípulo o que é melhor" *(RB 3,3)*. Portanto, para Bento torna-se claro que o Senhor nos fala através das pessoas, que ele pode falar-nos através de cada um de nós, até mesmo através de um discípulo mais jovem, que possui menos experiência e conhecimento.

Bento não escreveu sobre nenhum pensamento construtivo no encontro do irmão com Cristo, mas ele simplesmente conta com isso; para ele é uma realidade óbvia que sempre determina suas recomendações concretas.

Ele escreve:

> O cuidado com os doentes deve vir antes e acima de todo o resto; devemos servir a eles como se fossem o próprio Cristo; pois ele nos disse: "Estive doente, e vocês me visitaram", e: "o mínimo que tiverem feito por alguém, vocês fizeram por mim" *(RB 36,1-3).*

O fato das prosaicas recomendações da Regra serem constantemente interrompidas com essas justificativas, por extensos trechos, mostra-nos que Bento vive totalmente com a fé na presença de Cristo no irmão e na irmã. É uma fé que não vive apenas para as situações extraordinárias, mas que deve ser vivida no cotidiano, uma fé que impregna nosso trato diário com os outros. Isso fica mais evidente quando Bento escreve sobre a acolhida dos hóspedes:

> Todos os estranhos que chegam devem ser acolhidos como Cristo; pois ele dirá: "Eu fui um estranho, e vocês me acolheram" *(RB 53,1).*

Sim, devemos inclinar-nos diante deles ou até nos atirarmos ao chão, "e assim honrarmos neles o próprio

Cristo, que é quem na verdade é acolhido" *(RB 53,7)*. Quando Bento escreve que nunca devem faltar hóspedes no convento, que a chegada de hóspedes deve ser uma coisa corriqueira, torna-se evidente como a fé na presença de Cristo no irmão impregna toda a vida do monge. Podemos hoje até ler considerações construtivas sobre essa idéia, mas geralmente ficamos estacionados nos pensamentos construtivos. Por outro lado, para Bento a presença de Cristo no irmão e na irmã é uma realidade, tão real quanto o fato de que o esforço necessário para o trabalho na cozinha, em que são preparadas e servidas as refeições dos hóspedes, é muito grande para um único irmão. Bento descreve o comportamento em relação aos hóspedes, nos quais Cristo vem a nosso encontro, com a mesma simplicidade com que descreve o trabalho na cozinha em que são preparadas suas refeições.

Assim, Bento poderia ser de muita ajuda para nós, ao levarmos a sério nossa fé na presença de Cristo no irmão e na irmã; partirmos dessa fé na realidade de Cristo no outro quando lidamos com problemas interpessoais, como tensões, antipatias e agressões. Sentimos que nesses casos surgem em nós barreiras intransponíveis. E com muita sensatez e lógica, encontramos sempre motivos suficientes, dizendo que não podemos ver as coisas tão facilmente, que devemos discerni-las e assim por diante. Bento fala da fé na presença de Deus como se fosse a coisa mais natural do mundo. E talvez isso possa ajudar-nos a ter coragem de dar um passo para dentro da realidade, passando por cima de nossos motivos triviais, de nossos preconceitos, e levar a sério a presença de Cristo no irmão, a ponto de ela determinar nosso comportamento, nossos gestos, nossas palavras e visões.

Ora et labora – Oração e trabalho

A relação entre oração e trabalho – a realização do trabalho a partir da oração –, como Bento descreve em sua Regra, é uma mensagem importante especialmente para as pessoas de hoje. Atualmente muitas pessoas sentem-se sobrecarregadas pelo trabalho. Em todos os lugares ouvimos queixas sobre o estresse provocado pelo trabalho. Parece que o trabalho aliena as pessoas, esgota-as. Como corrente contrária a essa sobrecarga, muitas pessoas hoje querem sair do mundo do trabalho. Na busca por um estilo de vida alternativo, elas não querem apenas viver com mais simplicidade, mas também trabalhar menos, às vezes tão pouco que nem conseguem ganhar o suficiente para sustentar um estilo de vida simples. Grupos que buscam um aprofundamento espiritual muitas vezes acreditam que só o conseguirão por meio de uma redução do trabalho.

Bento não vê nenhuma contradição entre trabalho e oração. Ele deixa os monges trabalharem cinco horas diárias no inverno e oito horas diárias no verão, o suficiente para que possam ganhar o próprio sustento.

Porém, mais decisivo do que um paralelo equilibrado de oração e trabalho, é a ligação interna entre ambos. O trabalho deve ajudar-nos a orar bem, e a oração deve ajudar-nos a realizar corretamente nosso trabalho. E, finalmente, o trabalho numa concepção correta deve tornar-se uma oração. O trabalho ajuda-nos a orar. No capítulo sobre os trabalhos manuais Bento escreve:

> A ociosidade é inimiga da alma. Por isso, em determinados períodos os irmãos devem ocupar-se com trabalhos manuais e em determinadas horas com a leitura sagrada *(RB 48,1)*.

Portanto, o trabalho previne a ociosidade. Isso não parece ser de grande ajuda para a oração. Mas por trás disso há a seguinte experiência: em sua tentativa de viver na presença de Deus, os monges sempre sentem vontade de fugir da realidade, retirando-se com sua fantasia a um mundo ilusório. No mundo ilusório da fantasia não é Deus que está em primeiro plano, mas o próprio eu. O Papa Gregório vê como um sinal de orgulho quando alguém "vai passear consigo mesmo na amplidão da própria fantasia".[2] À medida que o trabalho exige toda a nossa atenção e liga nosso pensamento ao que estamos fazendo naquele momento, ele nos protege da fuga ao mundo ilusório da fantasia e nos ajuda a manter a ligação com Deus. O reco-

[2] J. P. MIGNE (editor), *Patrologia Latina*, vol. 76, Turnhout, 1967, Sp. 745 A.

lhimento ao qual nos leva um trabalho concentrado, mas realizado sem pressa, aprofunda também o recolhimento na oração.

Para Bento a oração vem em primeiro lugar. É apenas a partir da oração que a realização adequada de um trabalho passa a ter um efeito positivo em nossa vida religiosa. A oração nos alivia do fardo do trabalho. Muitas pessoas não conseguem libertar-se do trabalho porque se consideram importantes demais. Ficam remoendo, imaginando se fizeram tudo certo, se não esqueceram de nada, se os outros vão criticá-las, se vão gostar do trabalho e assim por diante. Esses pensamentos nos paralisam internamente e nos sobrecarregam. Na oração soltamos o trabalho. Tentamos dar o máximo de nós no trabalho, mas depois deixamos a cargo de Deus o que fazer dele. A oração nos liberta de uma preocupação grande demais a respeito de nosso trabalho. Ela nos deixa livres para viver totalmente no presente, para mergulharmos totalmente no trabalho, para depois soltarmos esse trabalho, para que ele não nos domine internamente.

Além disso, a oração nos mostra as razões que nos movem durante o trabalho. Muitos problemas com nosso trabalho surgem porque não enxergamos nossas razões. Sentimentos de desprazer, a sensação de sermos usados e sobrecarregados, muitas vezes têm sua causa em razões que não ficaram claras. Quando colocamos esses sentimentos diante de Deus na oração, descobrimos o que acontece conosco, ficamos sabendo por que nos recusamos a assumir algo que Deus exige de nós. Às vezes, reconhecemos que não queremos que Deus nos imponha algo, que nos comparamos com os outros e nos sentimos desprivilegiados, em vez de nos envolvermos naquilo que Deus imaginou para nós.

Bento dá muito valor à realização do trabalho por razões puras. Para ele a motivação do trabalho é mais importante do que seu êxito. Ele escreve:

> Se houver artesãos no convento, eles poderão realizar suas atividades com toda a humildade, quando o abade assim o permitir. Mas se algum deles começar a se achar superior, porque pensa que possui mais conhecimento profissional e assim contribui para que o convento ganhe alguma coisa, o trabalho deve ser-lhe retirado. Ele só poderá retomá-lo quando voltar a ser humilde e o abade lhe der permissão para que volte a trabalhar *(RB 57,1-3).*

O trabalho só é um serviço divino quando não nos apegamos a ele, quando não o utilizamos para nossa auto-afirmação ou o reconhecimento pelos outros. Para Bento, tanto no trabalho como na oração trata-se de adotar a mesma postura, de humildade, de disposição para realizar a vontade de Deus, e não de servir a si mesmo em vez de servir a Deus. Percebemos que alguém está servindo a Deus e não a si mesmo com seu trabalho, quando ele também se predispõe a aceitar outro trabalho quando as necessidades da comunidade assim o exigirem. O trabalho, como Bento o vê, exige uma renúncia de si mesmo. E só quando ele é feito com um amor altruísta, é dignificado por Deus tanto quanto à oração.

Encontramos a maioria das dificuldades do trabalho nos colaboradores. Um deles é lento demais e demora a entender as coisas, o outro nos deixa irritados com seu constante falatório. Nesses casos a oração nos ajuda a adotar uma postura positiva diante desses colaboradores. Quando oramos por eles, agradecemos por eles, disseminamos a nosso redor um clima de trabalho mais humano e conseguimos lidar melhor com nosso semelhante.

Bento vê a oração e o trabalho como uma coisa só, e justamente a partir de sua idéia da presença de Deus. O próprio trabalho torna-se uma oração, quando é realizado na presença de Deus. Quando trabalhamos na presença de Deus, respondemos a ele com nosso fazer, e podemos entregar-nos totalmente a nosso trabalho sem sentir nossa mente dividida. A entrega ao trabalho ocorre diante da obediência a Deus e como resposta a sua presença. Neste caso, também a presença de Deus marca nosso jeito de trabalhar. Aquele que trabalha com pressa e de qualquer jeito, e quer resolver tudo de uma vez, exclui-se constantemente da presença de Deus. Trabalhar na presença de Deus exige que trabalhemos com tranqüilidade interior e sem pressa, partindo de nosso centro, recolhido, totalmente entregue ao trabalho. O cuidado atento, do qual muitos escritores espiritualistas falam hoje, é para Bento a postura básica de toda ação.

Em sua já citada recomendação ao *Celerário*, para que lide com os equipamentos e o patrimônio do convento como se fossem objetos sagrados usados no altar, Bento mostra que o monge, em seu trabalho, tem a ver constantemente com Deus. Nessa frase mostra-se o respeito que Bento devota às coisas. Como encontramos indícios de Deus em todos os lugares no mundo, devemos lidar com o mundo de forma respeitosa. Diante da destruição de nosso mundo, tornamo-nos novamente atentos a essa mensagem. Nos tempos de Bento já se promovia uma destruição irracional do espaço vital do ser humano. Os campos eram devastados pelas multidões que migravam de um lado a outro, os bosques eram destruídos pelas guerras. O solo tornava-se improdutivo. O ódio entre as pessoas também destruía a natureza. No meio de uma economia que se tornara caótica, Bento, com seu convento, criou pequenas unidades econômicas, complexos autárquicos, que incluíam desde a produção básica na agricultura, passando pela produção artesanal, até os mais diversos serviços. E nessas unidades econômicas não valia o princípio da maximização dos ganhos, mas a glorificação de Deus como a regra máxima. Bento exige de seus monges que vendam seus produtos por um preço mais barato do que os das pessoas do mundo, "para que em tudo Deus seja glorificado" *(1Pedro 4,11; RB 57,9)*. O trabalho dos monges não deveria ser determinado pela maximização do ganho e a espoliação do mundo, mas pelo respeito às coisas e à louvação do criador de todas as coisas. O trabalho não deve levar o mundo à bancarrota, mas lidar com ele de forma a refletir seu criador e louvá-lo. Em nosso trabalho, devemos tornar o mundo transparente em direção ao criador. Só conseguimos isso quando ouvimos a palavra de Deus sobre as coisas, sobre o propósito de Deus no mundo, e quando não consideramos o mundo como nossa propriedade, mas como algo que nos foi confiado por Deus. As coisas do mundo falam de seu criador, e elas indicam seu próprio término, no qual toda posse sagrada volta a ser para o Senhor.

Em nosso entender, a ligação da oração com o trabalho de Bento é de importância decisiva especialmente para as pessoas de hoje. Não podemos simplesmente nos afastar do processo de trabalho. Mas o trabalho também não é apenas um mal necessário, sem o qual não podemos ganhar nosso sustento. Quando vinculamos a oração ao trabalho, então o trabalho torna-se para nós, inclusive, um espaço para a vida espiritual, um espaço que não nos separa de Deus, mas no qual podemos exercitar a postura correta diante de Deus: obediência, paciência, serenidade, confiança, generosidade e amor. Para alguns, a fuga do trabalho é também uma fuga das realidades da vida, e assim uma fuga de

Deus. Bento poderia ensinar-nos a realizar o trabalho a partir da oração, e a entender o próprio trabalho como oração, na qual, trabalhando, nos colocamos diante do Deus presente e nos deixamos estimular por ele até atingirmos o cansaço físico.

Quando trabalhamos a partir da oração ficamos cansados, mas não esgotados. É um cansaço bom. Temos a sensação de ter realizado algo por Deus e pelas pessoas. Em contrapartida, o esgotamento produz a sensação de vazio, de insatisfação e intranqüilidade. Na oração, entramos em contato com a fonte interior do Espírito Santo, que é inesgotável, porque flui de Deus.

Discretio – O dom da distinção

Outra característica de Bento é sua forte valorização da *discretio*, a medida certa, o dom da distinção dos espíritos. Hoje a situação religiosa é caracterizada por dois pólos, o da nivelação e o do rigor. As diversas seitas de jovens, os terríveis relatos sobre assassinatos em massa de adeptos fanáticos de seitas são tão assustadores quanto o rompimento, numa velocidade crescente, da tradição em famílias e comunidades. No campo dos extremos, muitos se satisfazem justamente com os desafios e as materializações radicais da existência religiosa. Diante disso, a *discretio* de Bento poderia ser considerada uma atenuação, uma moderação. Na prática, sua mensagem não provoca turbilhões de entusiasmo. Ela renuncia a ideais elevados demais para fazer justiça ao ser humano com uma sábia moderação. A proclamação de ideais elevados sempre corre o risco de oferecer ao ser humano uma identificação, que é ao mesmo tempo uma oferta de fuga de si mesmo, na medida em que o convida a reprimir suas facetas negativas. Justamente os jovens que sofrem com os complexos de inferioridade esperam conseguir um aumento da auto-estima por meio da identificação com um ideal elevado. A curto prazo pode até ser útil identificar-se com um ideal elevado. Pode dar um apoio a pessoas mais frágeis. Porém, a longo prazo não as levará à maturidade, mas a uma limitação quc as manterá na imaturidade, ou produzirá nelas uma fragmentação interna. Fragmentadas, muitas delas atirarão longe todos os seus ideais e nunca mais vão sc entusiasmar com nada.

Bento não precisa conquistar adeptos para sua comunidade por meio de truques psicológicos. Ele descreve de forma bem simples seus propósitos em relação à vida no convento:

> Queremos criar uma escola para o serviço do Senhor. Nesta fundação não pretendemos instituir nada que seja difícil e rigoroso. Se, no entanto, por motivos justificáveis, as coisas forem um pouco mais rígidas, para corrigir erros e preservar o amor, então não se deixe logo confundir pelo medo, e não fuja do caminho da cura, pois no início ele não poderá ser outra coisa senão árduo *(RB Prólogo 45-48).*

Segundo Bento, não se deve ambicionar um ideal nem um trabalho, todas as suas recomendações servem muito mais ao ser humano e a sua cura. Para Bento o ser humano está no centro. Ele precisa curar-se, encontrar o caminho à vida. O ser humano não é coisificado, não é submetido aos ditames do desempenho no trabalho, nem mesmo do desempenho religioso. Bento não conquista seus adeptos com a apologia de grandes obras a serem realizadas no convento, a serviço de Deus ou mesmo do ser humano. Para Bento isso seria adotar diretrizes externas, seria submeter-se aos padrões do desempenho. Bento quer fazer jus ao ser humano, especialmente também ao mais fraco. Ele aceita o ser humano como é, justamente também o fraco. Não proclama nenhuma religião dos fortes. Renuncia ao entusiasmo provocado pelo exagero nos desafios. Ele conta com a fraqueza do ser humano e quer levar inclusive os fracos à vida.

Isso requer um caminho de sábia moderação, que se mede não em ideais autocriados, mas em pessoas concretas. Justamente assim é que a recomendação de Bento torna-se uma oferta de vida para muitos. Bento não afugenta as pessoas, ele as anima, as reergue. Apesar de seu realismo, que conhece todas as fraquezas humanas por experiência própria, ele continua sendo um otimista e promete o caminho à vida justamente também aos fracos, aos tipos difíceis, aos medíocres, que se desgastam em conflitos banais.

No entanto, a *discretio* não é, de jeito nenhum, simplesmente uma adaptação ao estilo de vida habitual de hoje, a padrões e máximas de nossa sociedade. Seria uma distorção fatal dos propósitos de Bento usar a *discretio* para justificar um estilo de vida burguês no convento. De qualquer modo, um monacato aburguesado não se pode reportar a Bento. Ele entende a *discretio* muito mais como a virtude de regulamentar tudo de forma a atrair os fortes e não afugentar os fracos *(cf. RB 64,19).* Os fortes não devem simplesmente se ajustar no nível dos fracos, mas devem ser desafiados em seus esforços, de maneira a não desanimar os fracos, mas a animá-los. Os fortes devem amparar os fracos. Para os antigos monges isso era um sinal da verdadeira força. Hoje a psicologia nos diz a mesma coisa. Só quem é suficientemente forte a ponto de aceitar as próprias fraquezas pode suportar e amparar os fracos. Aborrecemo-nos tanto com os fracos justamente porque, no melhor dos casos, eles nos lembram de nossas fraquezas, superadas com muito esforço, e das quais nem queremos ouvir falar. Bento exorta os fortes a amparar os fracos, em suas comunidades, sem se erguer acima deles, porém muito mais a partir do conhecimento sobre as próprias fraquezas, e em agradecimento à ajuda de Deus. Ela sempre nos é dada, para que depois possamos transmiti-la aos outros. Portanto, para Bento, não se trata de uma amenização das exigências, mas de um estímulo e um encorajamento para fortes e fracos. Isso impede uma divisão da comunidade em "aqueles que amparam e se esforçam" e "aqueles outros que se esforçam menos", e junta todos na graça de Deus, pela qual eles se sabem amparados.

A *discretio* como dom da distinção é, sobretudo, a virtude do abade, a virtude de todo aquele que deve guiar, liderar, educar e formar outras pessoas.

Assim, Bento exige do abade que:

> Ele seja prospectivo e sensato ao dar ordens. Que em suas tarefas espirituais ou mundanas, ele tenha um discernimento exato e mantenha a moderação. Que pense no discernimento moderado usado por São Jacó, ao dizer: "Se eu deixar meus rebanhos se cansarem no caminho, todas as reses morrerão num único dia" *(Gênesis 33,13; RB 64,17s.).*

O dom da distinção não pressupõe apenas um bom conhecimento da situação ou muita informação e experiência de vida, mas sobretudo um distanciamento de si mesmo. O julgamento não deve ser turvado pelo próprio eu, pelos próprios desejos e necessidades. Deve ser livre daquilo que a psicologia chama hoje de projeção: problemas não elaborados, emoções e impulsos que não identificamos claramente e que por isso projetamos no mundo exterior. Por isso, a *discretio* pressupõe um autoconhecimento por meio de uma exata auto-observação, em que tomamos conhecimento de nossas necessidades, emoções e agressões.

Para os antigos monges a *discretio* é a distinção dos espíritos. É um dom que pressupõe uma auto-observação conseqüente, mas que na verdade é conferido pela graça de Deus. Devemos perguntar a nossos pensamentos pelo espírito que se revela neles. Deixamo-nos guiar por nosso espírito ou pelo espírito de Deus? De onde vieram os diversos desejos e impulsos internos? Vêm de Deus ou do mal? Na verdade, só conseguimos alcançar o dom da distinção orando a Deus, penetrando no espírito de Deus.

A *discretio* foi considerada pelos monges como "mãe de todas as virtudes". Bento partilha dessa opinião (cf. *RB 64,19*). O novo nele é que ele não a usa apenas nas coisas espirituais, na orientação espiritual de uma pessoa, na qual ela é imprescindível, mas também nas coisas triviais do dia-a-dia. Para Bento os negócios mundanos também tem a ver com o espírito de Deus. Podemos distinguir precisamente quando nos deixamos guiar pelo espírito de Deus ou por nosso próprio, em decisões puramente materiais. Se seguirmos o espírito de Deus ou não, podemos ser evidenciados, por exemplo, numa decisão a favor ou contra o investimento numa máquina. Assim como devemos realizar um trabalho a partir da oração, também devemos submeter as decisões materiais do dia-a-dia à interpelação do espírito de Deus. O espírito de Deus evitará que emoções e necessidades não declaradas penetrem em nossas decisões.

O espírito de Deus liberta para a objetividade. Ele faz com que sejamos capazes de ouvir a voz de Deus nas coisas. Portanto, a *discretio* não é uma vontade que se possa justificar incontrolavelmente com a inspiração pelo espírito de Deus, mas é ouvir o espírito de Deus, que fala conosco através das coisas, das pessoas e das situações, que revela nossos desejos e necessidades inconscientes e nos liberta para reconhecer a vontade de Deus nas situações concretas.

Hoje, para muitas pessoas ouvir Deus é algo que não existe mais. Porém, no movimento carismático, ouvir Deus é muito importante. Só tomamos decisões corretas depois que ouvimos Deus em nossas orações. Certamente é um bom caminho. Aliás, temos a impressão de que às vezes nossa própria incoerência é confundida com o espírito de Deus. Muitos perdem o chão sob os pés ao apelarem para o espírito. Nessas situações, Bento pode mostrar-nos como devemos ser simples, para termos o dom da *discretio*, a mãe das virtudes, e como devemos ouvir o espírito de Deus com simplicidade, nas coisas do dia-a-dia, nas pessoas e nas situações; ele nos mostra também que ouvir o espírito e levar em conta as considerações humanas são coisas interligadas, que na distinção dos espíritos nos tornamos capazes de avaliar e discernir as coisas com mais objetividade e justiça. Em Bento, a distinção dos espíritos não tem nada de eloqüente. Precisamos apenas ler suas exortações ao abade, para sentir que podemos ter um chão sob os pés e que, ao mesmo tempo, o espírito de Deus transparece em todos os lugares. Alguns trechos podem deixar isso claro:

> Que ele odeie os erros, que ame os irmãos. Mas se tiver de repreender alguém, deverá agir com inteligência e não ir longe demais, senão o recipiente pode quebrar-se, quando raspar a ferrugem com muita força. Deve contar com a própria fragilidade. Deve lembrar que não conseguimos quebrar uma estaca vergada. Com isso, não queremos dizer que ele possa deixar os erros pululando por aí, mas que deve eliminá-los de forma inteligente e amorosa, de modo a, segundo sua opinião, poder ajudar as pessoas; já falamos sobre isso antes. Que ele procure ser mais amado que temido. Que não seja impetuoso e medroso, desmedido, tolo, que não seja ciumento e desconfiado demais, senão nunca terá sossego *(RB 64,11-16).*
>
> O abade deve refletir sobre sua pessoa, saber o que ele é e como devem abordá-lo. Que ele saiba: exige-se sempre mais daquele que é mais confiável *(Lucas 12,48).* Ele deve saber como é difícil e árdua a tarefa que assumiu de guiar as pessoas e servir à singularidade de muitas delas. Deverá abordá-las, uma com palavras simpáticas, outra com palavras de censura, uma terceira com palavras convincentes. De acordo com a singularidade e a capacidade de compreensão de cada uma, ele deverá sintonizar-se com todas e acreditar nelas. Assim o rebanho a ele confiado não sofrerá danos, e ele poderá alegrar-se com seu crescimento *(RB 2,30-32).*

Nessas frases evidencia-se claramente que Bento não se orienta por ideais abstratos nem por princípios rígidos. Ele se importa apenas com o ser humano. O abade deve considerar cada um, individualmente. Deve ir buscá-lo onde ele estiver, e sempre perguntar qual é a vontade concreta de Deus para aquela situação. A *discretio* traz ordem e clareza à vida humana em comunidade, mas renuncia a regras e princípios rígidos. Para aqueles que lidam com pessoas, é mais fácil prender-se a regras fixas do que se relacionar com cada pessoa individualmente. Mas quando apelamos constantemente a nossas regras e nos entrincheiramos atrás de princípios, estamos mostrando nosso medo e nossa insegurança. Como temos medo de nossa fragilidade, escondemo-nos atrás de princípios, sem perceber que estamos submetendo-nos a regras e com isso nos escravizando.

A *discretio* de Bento não dá importância nenhuma aos princípios rígidos. Bento considera cada um individualmente, adapta-se à singularidade de cada um. Ele até formula regras, mas sempre as rompe, quando se trata de considerar a pessoa concreta e sua respectiva situação. Submete tudo ao julgamento inteligente do abade e não a uma regra fixa, definitiva. Isso revela uma grande confiança no critério de julgamento da pessoa, um julgamento que pode ser claramente reconhecido e avaliado a partir da distinção dos espíritos, e ao se ouvir o espírito de Deus. Por trás dessas frases, há a experiência de nossa fragilidade e ao mesmo tempo da bênção de Deus, que nos carrega em nossa fraqueza e nos dá a capacidade de nos carregarmos uns aos outros.

Não é à toa que a Regra beneditina foi, durante séculos, o mais importante livro educativo. A *discretio*, como máxima de toda educação, poderia hoje também ser mais adequada aos jovens do que certas teorias pedagógicas que se orientam por ideais abstratos e não por pessoas concretas. Às vezes, temos a impressão de que enquadramos os alunos dentro de rígidos conceitos pedagógicos, em vez de prestar atenção em suas verdadeiras necessidades. Aquilo que é propagado nos ministérios da educação, em termos de diretrizes pedagógicas, às vezes até que soa bem. Muitas vezes esses conceitos não surgem com base no que os jovens dizem, porém a partir de fundamentos científicos que até parecem plausíveis, mas que freqüentemente passam por cima da pessoa concreta. Acompanhando os jovens em cursos e exercícios, eu mesmo ouvi deles coisas diferentes das que li em livros de sociologia sobre juventude e jovens adultos.

Porém, a *discretio* beneditina poderia, sobretudo, ajudar-nos a lidar uns com os outros de forma mais humana. Hoje corremos o risco de julgar o outro segundo certos critérios psicológicos, e a querer modificá-lo quando ele não corresponde a esses critérios. Nem percebemos mais como nos submetemos a padrões externos, como pensamos saber exatamente o que é normal e o que é bom para os outros. Com Bento podemos aprender a abandonar todas as nossas teorias psicológicas, que muitas vezes nos turvam o olhar quando tentamos ver a pessoa concreta; assim conseguiremos relacionar-nos de forma mais aberta e despreocupada com o indivíduo e sintonizar-nos com sua singularidade.

Pax benedictina – A paz beneditina

O ideal da imagem beneditina do ser humano não é o trabalhador e o empreendedor, não é o ser humano com um talento religioso extraordinário, não é o grande asceta, mas a pessoa sábia e madura, que sabe unir as pessoas, que produz a seu redor uma atmosfera de paz e de compreensão mútua. Por trás dessa imagem ideal há uma grande pretensão. Não se pode simplesmente pretender ser uma pessoa que promove a paz. Só aquele que conseguiu criar a paz dentro de si pode promover a paz, só aquele que se reconciliou consigo mesmo, com suas fraquezas e erros, suas necessidades e desejos, suas tendências e ambições conflitantes. Promover a paz não é um programa que se possa exibir numa bandeira, ele deve partir de uma paz interior. Só conseguimos conquistar a paz interior por meio de uma luta dura e conseqüente pela integridade interior e por meio da oração, na qual tentamos aceitar tudo o que Deus nos legou, até em termos de fraquezas, nossas e dos outros.

Bento exige do abade, sobretudo, que ele seja capaz de promover a paz. O mais importante pressuposto para isso é a capacidade de curar. Antes de qualquer coisa o abade deve provar que é bom médico, ao lidar com irmãos fracos e doentes. Bento escreve:

> O abade deve cuidar com muita atenção dos irmãos fragilizados, pois não são os sadios que precisam do médico, mas os doentes *(Mateus 9,12)*. Por isso o abade

precisa agir como um médico sábio, sob todos os aspectos. Ele deve chamar os irmãos sábios mais velhos. Estes devem consolar o irmão vacilante numa conversa pessoal, e convencê-lo a praticar a humildade e a penitência. Devem consolá-lo para que não mergulhe na tristeza mais profunda. Nestes casos vale o que diz o apóstolo: "O amor que lhe dão deverá fortalecê-lo" *(2Coríntios 2,8)*. Todos devem rezar por ele.

O abade deve tomar cuidado, e com sensibilidade e grande empenho lutar para não perder nenhum dos cordeiros a ele confiados. Deve ter consciência de que assumiu a tarefa de cuidar de pessoas fragilizadas, e não de dominar pessoas sadias. Deve temer a palavra de ameaça do profeta, pela qual Deus diz: "O que lhes parecia robusto, vocês pegaram, o que lhes parecia fraco, vocês rejeitaram" *(Ezequiel 34,3)*. Deve imitar o bom pastor em seu exemplo de amor: ele deixou noventa e nove cordeiros para trás, nas montanhas, e foi procurar um cordeiro perdido. Compadeceu-se tanto da fraqueza dele que o colocou sobre seus ombros sagrados e o levou de volta ao rebanho *(RB 27)*.

Nossa reação normal às fraquezas dos subalternos é sentir aborrecimento e raiva. Sentimo-nos feridos em nossos sentimentos de honra, pelos irmãos fracos e doentes. Todos gostariam de se sentir orgulhosos da comunidade que presidem – o abade de seu convento, o chefe de sua empresa, o pai de sua família. Quando há ovelhas negras na comunidade elas são marginalizadas, não se quer admiti-las. Sobretudo os que estão do lado de fora não devem vê-las. É que então a fama da comunidade ficaria comprometida. Às vezes nos sentimos quase agredidos e magoados pessoalmente, quando um irmão se comporta inadequadamente.

Bento exige do abade que ele abandone todo o seu orgulho, no que se refere à fama de sua comunidade, e acompanhe o indivíduo em sua fraqueza, para que este o siga, como no caso do Bom Pastor. Quando o abade acompanha o outro em sua fraqueza, penetra na própria fraqueza e coloca-se diante dela. E nisso ele prova ser um verdadeiro médico, que se deixa ferir pelas feridas dos outros para apresentá-las ao poder de cura de Deus, a seu amor. Por isso o remédio mais eficaz da arte de curar dos abades é a oração. Quando todos os remédios humanos não fazem mais efeito, nem a dedicação amorosa, nem a rigidez e a orientação, então "lance mão do que tem um efeito mais poderoso, que é a oração pelo irmão enfermo, realizada pelo abade e todos os irmãos, para que o Senhor todo-poderoso lhe dê a cura" *(RB 28,4s.)*.

A capacidade de curar é o pressuposto para que o abade possa promover a paz em sua comunidade. A paz não pode ser ditada, não pode ser imposta pela disciplina, ela precisa crescer a partir de um amor forte o suficiente para perceber todos os erros dos irmãos e curá-los. Isso exige do abade uma capacidade extraordinariamente elevada de amar. Todo aquele que preside uma comunidade sabe disso, por experiência própria, pois enfrenta constantemente as brigas e os conflitos diários que ocorrem nelas. Somos tentados a reprimir os conflitos por meio de um conseqüente endurecimento, ou não deixá-los vir à tona, ou então nos resignarmos e nos refugiarmos na ironia. Construímos uma muralha dentro de nós que nos separa dos irmãos mais fracos e nos encerra em nosso mundo aparentemente saudável.

A paz que o abade deve promover na comunidade não é uma paz fraca, não é uma paz só alcançável quando se cede, mas é uma paz que não teme a faca da exclusão. O abade não deve reprimir os conflitos, mas enfrentá-los abertamente. Assim, Bento escreve capítulos específicos sobre a orientação e a punição dos irmãos decaídos. E as medidas que ele recomenda parecem-nos bastante drásticas hoje. Bento enfrenta os conflitos de forma conseqüente, mas não rigorosa. Sua máxima é sempre a responsabilidade, inclusive pelos fracos, e o desejo de curá-los.

Para Bento, a paz surge numa comunidade quando cada um reconhece seus próprios desejos e necessidades e quando o abade decide, com o dom da distinção, até onde se deve levar em conta as necessidades individuais de cada um.

> Devemos ater-nos à frase da Escritura: "A cada um foi dado de acordo com suas necessidades" *(História dos apóstolos 4,35)*. Com isso, não queremos dizer que alguém deva ser privilegiado, o que está fora de cogitação. Mas devemos considerar as fraquezas *(infirmitates)* de cada um. Aquele que precisa de menos deve agradecer a

> Deus e não ficar triste. Aquele que precisa de mais deve ser humilde diante de suas fraquezas e não se tornar arrogante por causa da generosidade dos outros. Assim, todos os membros da comunidade ficarão em paz *(RB 34,1-5).*

Nessas frases está contido todo um programa de paz. A condição para a paz numa comunidade é que cada um consiga lidar corretamente com suas necessidades. Essas necessidades não devem ser reprimidas, mas também não podem ser justificadas por razões as mais diversas, ou até apresentadas como uma exigência. A necessidade é sempre a confissão de uma fraqueza. Mesmo assim a necessidade tem seu direito. E Bento concorda que ela deve ser satisfeita. Mas sempre com a consciência: "Eu preciso disso, porque sou fraco demais para renunciar". Como ainda não chegamos lá, ao que se refere a nosso autocontrole, para nosso equilíbrio emocional precisamos de uma boa comida. Como ainda não amamos Deus o suficiente, precisamos de muita dedicação humana, para manter nossa saúde psíquica. Quando levamos em conta nossas necessidades desse modo, e também as aceitamos, em função de nossa fraqueza, sentimo-nos em paz conosco mesmos, e elas não se tornam uma agressão para aqueles que não as têm. Inversamente, aqueles que têm menos necessidades, que se satisfazem com menos comida, não devem sentir-se orgulhosos e elevar-se acima dos mais fracos. Isso apenas provocaria uma comparação estéril, que em síntese é a causa de toda intranqüilidade. Eles devem agradecer a Deus precisar menos, mas sem se colocar acima dos outros. Então a renúncia os tornará alegres, internamente. Satisfazer necessidades agradecendo e conseguir renunciar agradecendo constituem-se num caminho à paz individual, e assim também à paz numa comunidade. Essa postura evita a queixa, que paralisa qualquer progresso espiritual. Bento enfrenta a queixa tão enfaticamente, porque esse vício ameaça a paz na comunidade.

> É, sobretudo, o vício da queixa que não deve aflorar em nenhuma palavra e em nenhuma menção, pois isso pode constituir-se num estímulo. Se alguém for apanhado fazendo isso, deve receber uma severa punição *(RB 34,6s.)*.

A queixa mostra que estamos insatisfeitos conosco mesmos. Mas em vez de aceitarmos nossa insatisfação, transferimos a causa à comunidade e com isso produzimos insatisfação e confusão. Achamos que devemos sempre criticar tudo e todos. Sempre buscamos os motivos para as condições insatisfatórias nos outros, no abade, nos irmãos, que não seguem as Regras. Não temos coragem de reconhecer que por trás de nossa ânsia de crítica existe em nós um mal-estar inconsciente. Muitas vezes nosso desejo de sempre querer melhorar tudo surge a partir de uma rejeição inconsciente de nós mesmos. Como não conseguimos suportar nós mesmos e nossas fraquezas, recusamo-nos a aceitar as fraquezas dos outros. Mas uma melhoria autêntica só é possível quando ocorre a partir do amor, isto é, da aceitação das próprias fraquezas assim como as dos outros.

Hoje os sociólogos constatam uma crescente incapacidade para a paz. A polarização dos grupos dentro da comunidade aumentou. Os partidos acostumaram-se a um tom muito agressivo de conversa. Os grupos não conseguem mais ver objetivos diferentes dos seus, entender e levar a sério os desejos justos dos outros. Depressa demais se constrói uma imagem inimiga do outro, que então passa a ser combatido. Os pacifistas buscam caminhos para que hoje, num mundo cada vez mais globalizado, possamos viver juntos, em paz. Disso depende o futuro de nosso mundo. Nessa situação poderíamos aprender de Bento a treinar nossa capacidade de viver em paz.

Bento não cria nenhum programa excepcional de paz, mas promove a paz a seu redor. Isso se refere a nós também. Pois todo programa possui algo de combativo. Hoje também são criados programas em nome do bem, em nome de ideais positivos, que no início são sempre direcionados contra algo ou contra alguém. Luta-se pela família cristã e com isso combatem-se todos que expressam uma opinião contrária aos próprios ideais. Precisamos de um enorme esforço para nos engajarmos a favor de algo positivo. Bento é totalmente alheio a esse tipo de luta. Em sua pequena comunidade do Monte Cassino, ele nunca se engaja contra alguém ou contra algo, mas sempre a favor de algo; porém não a favor de programas ou ideais abstratos, mas de pessoas concretas. Ele constrói sua comunidade no meio de um mundo caótico, confuso, e nela tenta abrir um espaço para a paz de Cristo. Com isso, ele não tem a pretensão de mostrar ao mundo um modelo de paz. Sem a pretensão de estar cumprindo uma missão, ele concretiza a seu redor uma vida cristã, trabalha dia após dia na construção de uma comunidade de vida cristã. Walter Nigg chama Bento de "ser humano construtor" que, intrépido e infatigável, faz o que está mais próximo. Ele era uma pessoa inteiramente positiva, alheia a toda tendência negativa, a toda polêmica.

Um dos mais importantes desafios para nós hoje é tornarmo-nos pessoas positivas, que conseguem construir coisas sem destruir os outros. Deveríamos renunciar à elaboração de grandes programas, porque nesses programas também se pode fugir do que é concreto e mais imediato. É muito melhor simplesmente fazermos o que achamos bom e digno de esforço, sem precisarmos dirigir nossa ação constantemente contra alguém. Justamente neste nosso mundo sem Cristo, não conseguiremos fazer muita coisa se ficarmos lamentando-nos constantemente. Seria muito melhor vivermos nossa cristandade sem a pretensão de sermos as únicas pessoas boas do mundo. Nunca ouvimos de Bento uma palavra sequer de reclamação sobre as condições, aparentemente sem esperanças, da Igreja e do mundo em sua época. Bento não desperdiça suas forças com queixas, mas se dedica inteiramente a sua obra. Em sua pequena comunidade monástica ele tenta tornar a paz uma realidade. Essa paz não chegou imediatamente a todo o Ocidente. Para isso, a comunidade do Monte Cassino ainda era insignificante demais. Mas com sua tentativa de promover a paz em sua comunidade, Bento nos transmitiu experiências que exerceram seu efeito por séculos e contribuíram muito para a paz na Idade Média ocidental.

Stabilitas e ordem

Os historiadores enfatizam que a *stabilitas*, a estabilidade, a vinculação a uma comunidade concreta que Bento exige do monge, era um remédio para a época intranqüila da migração dos povos. Nos últimos anos tentou-se amenizar um pouco a *stabilitas*. Na era da mobilidade ela é uma relíquia do passado. Mas hoje começa a crescer uma nova compreensão pelo significado positivo da *stabilitas*. Especialmente em nossa época, de tanta mobilidade, na qual as pessoas são obrigadas a trocar toda hora de domicílio e a se adaptar a novos ambientes, os locais fixos são uma bênção. Um convento que há séculos está no mesmo local é garantia de uma continuidade fértil. Um convento possui raízes profundas na história, e assim consegue oferecer apoio e segurança a nossa época sem raízes. Dessa continuidade também emana certa serenidade diante dos acontecimentos cotidianos.

Uma comunidade de pessoas que permanecem juntas a vida inteira pode tornar-se, para muitos, um local de abrigo e acolhimento. Elas podem ter a certeza de encontrar os mesmos monges, vivenciar a mesma rotina diária. Sabe-se que naquele determinado horário os monges cantam sua véspera. Só pelo fato de sabermos que existe essa estabilidade na vida de uma comunidade monástica, já pode levar-nos a participar daquela vida. Podemos sentir-nos abrigados em uma comunidade desse tipo, e em sua permanência.

Muitos jovens já perceberam como é importante poderem amparar-se numa comunidade segura, e como uma comunidade que vive junta para sempre pode oferecer lhes apoio e acolhimento. Nessas comunidades conhecemos mais do que apenas alguns monges simpáticos, é toda uma vida de várias gerações, transmitida dos velhos para os jovens, uma comunidade que passou por muitos cotidianos, por anos nos quais muitas coisas mudaram em seus mínimos detalhes.

Observamos hoje uma crescente aversão aos vínculos. As pessoas têm medo de se ligarem em matrimônio, elas querem primeiro saber como é viver juntas. Elas hesitam ao se decidirem por uma profissão, querem deixar todas as portas abertas. E antes que percebam, todas as portas foram fechadas. Assim continuamos a viver indecisos, sem nenhum vínculo estável. Em vez de uma vida livre e de qualidade, que almejamos tanto, colhemos o desenraizamento, a falta de apoio, o medo da vida. Essa aversão aos vínculos certamente tem muitas causas. Uma delas é o estilo de vida que hoje exige cada vez mais das pessoas: flexibilidade no emprego, troca constante do local da moradia, tudo para progredir profissionalmente. Os psicólogos reconheceram que as depressões cada vez mais freqüentes representam um protesto da alma contra essa flexibilidade exagerada. A alma sente que precisa de raízes firmes, de estabilidade, para poder crescer. Muitas vezes as pessoas se sentem como aqueles carregadores africanos, constantemente forçados pelos guias alemães do safári a acelerarem o ritmo da caminhada. Eles se recusavam a prosseguir, dizendo que sua alma ainda não os alcançara. Hoje não conseguimos ficar parados. Assim só nos resta o protesto da alma, que procura expressar-se na depressão.

Talvez o encontro com a *stabilitas* de São Bento possa ser um remédio para as pessoas que não se sentem mais em casa, nesses tempos turbulentos. Mas a estabilidade beneditina não pode tornar-se uma fuga dos conflitos e desafios sociais. Ela é muito mais um contrapeso que nos convida a cuidar de nossas raízes. E ela nos quer dar coragem para nos decidirmos a nos fixar e a criar vínculos. Argumentar teoricamente que um vínculo é necessário para todas as pessoas não adiantaria muito. Para que possamos ligar-nos a alguém e a algo, precisamos sentir força e confiança suficientes dentro de nós. Mas talvez uma comunidade de pessoas que se ligaram, que se ligaram tão estreitamente a ponto de agüentarem suas fraquezas mútuas por toda a vida, consiga convencer os jovens a se decidirem. Só a experiência de que a estabilidade e o vínculo são fundamentais para felicidade pode fornecer-lhes a confiança necessária para que dêem os próprios passos.

No entanto, a *stabilitas* é mais do que criar vínculos e permanecer num só lugar. Para os antigos monges, *stabilitas* consiste essencialmente em se manter firme, quando se é pressionado por todos os pensamentos e tentações possíveis. Os eremitas no deserto sempre aconselhavam as pessoas a permanecer na cela e, sobretudo, a não abandoná-la quando sentiam uma intranqüilidade e um desânimo internos. Permanecer na cela não quer dizer desviar-se dos problemas, mas enfrentá-los, não fugir de si mesmo, não se envolver em atividades quando há uma necessidade de confronto consigo mesmo. *Stabilitas* como uma confrontação consigo mesmo, como perseverança na cela, seria hoje também um remédio para a intranqüilidade interior de muitas pessoas. Pascal disse uma vez que "toda a infelicidade das pessoas tem origem na incapacidade de permanecerem sozinhas e tranqüilas em seu quarto".[3] Se aprendêssemos novamente a permanecer em nossos quartos, a perseverar e resis-

[3] B. Pascal, *Gedanken über die Religion und einige andere Themem*, Stuttgart, 1997, p. 139.

tir às constantes mudanças, poderíamos sentir como muitas coisas se esclarecem em nós, e descobrir como chegar às raízes de nossos problemas e onde nossa cura pode se iniciar. Assim como na época da migração dos povos, quando os romanos esperavam manter-se em equilíbrio psíquico só por meio dos gritos depois dos espetáculos, hoje também a *stabilitas* beneditina poderia exercer um efeito curador sobre a falta de tranqüilidade do ser humano. Não devemos esperar alcançar um equilíbrio interior a partir de coisas externas, de constantes mudanças, mas apenas quando nos encontrarmos a nós mesmos, quando morarmos em nós, como tão apropriadamente Gregório descreveu a respeito de Bento.

Outro elemento da vida beneditina é a ordem, a ordem cotidiana, que traz uma estrutura clara ao transcurso do dia, que confere a hora certa à oração e ao trabalho, ao silêncio e à fala, ao estar junto e ao estar só. Bento fala freqüentemente da *hora competens*, da hora apropriada, adequada, o momento correto. E ele recomenda ao abade que esteja atento, para que tudo seja realizado na hora certa:

> Anunciar a hora da missa de dia e de noite é tarefa do abade. Ele deve dar o sinal pessoalmente ou transferir essa tarefa a um irmão de confiança, para que tudo se realize na hora certa (lat. *horis competentibus*) *(RB 47,1).*

Tudo tem seu tempo. A hora certa para a oração é tão importante quanto a hora certa para o trabalho, assim como o momento adequado no qual os irmãos podem pedir algo ao *Celerário*:

> Que se dê o que deve ser dado na hora determinada (lat. *horis competentibus*) e se peça o que deve ser pedido; pois ninguém deve ficar confuso ou triste na casa de Deus *(RB 31,18)*.

Aqui Bento diz nitidamente porque divide o dia com tanta clareza e determina que todas as coisas sejam feitas no momento adequado. A organização do dia serve para garantir a paz na comunidade e a paz do indivíduo. Ninguém deve ficar confuso ou triste. Quando há nervosismo e intranqüilidade demais, quando não se consegue mais confiar em nada, cresce em nós o desânimo. Não temos mais motivação para nos envolvermos no trabalho, na vida em comunidade. Isso também nos leva a uma crescente depressividade. Bento não quer uma ordem imposta artificialmente ao ser humano, mas quer criar uma possibilidade para que o indivíduo possa organizar-se a si mesmo, internamente. Aquele que se submete a uma ordem externa, aprende que com isso também consegue organizar seus estados emocionais, colocar rédeas nas oscilações de seu coração, rédeas que não apenas refreiam algo, mas abrem um espaço no qual o coração pode ser curado.

Para Bento a ordem é um fator de cura. Quando a comunidade adota uma boa ordem, é sinal de que tem saúde ou de que pode vir a tê-la, com uma ordem saudável. Na Regra, Bento organiza a vida dos monges tão precisamente, porque quer ter certa garantia de que os monges que se submetem a uma ordem externa inteligente consigam chegar a uma ordem interna e encontrem a cura. Uma ordem clara possibilita uma vida clara. Muitos jovens de hoje já entenderam isso. Em sua busca por um estilo de vida alternativo eles se submetem a certa ordem, para que sua vida represente um contraste diante da vida dos outros. Para eles seu estilo de vida torna-se um símbolo de que são diferentes. Na ordem que se impuseram, eles buscam acolhimento. Ninguém consegue, a longo prazo, sobreviver sem essa ordem interna, sem a segurança de uma ordem acolhedora, apenas desperdiçando energias inúteis na desordem. Aquele que dia após dia precisa preocupar-se em organizar seu tempo, desperdiçará suas forças. Uma ordem sensata, preestabelecida, deixa-nos livres para coisas mais importantes e nos dá o necessário acolhimento, no qual nos sentimos em casa, não para nos instalarmos confortavelmente, mas para podermos enfrentar de forma conseqüente nosso processo interior de amadurecimento.

Para além da disciplina militar e de uma ordem de princípios rígidos, meramente externa e não mais reconhecível em seu significado intrínseco, começa a surgir, não só entre os jovens, mas também entre muitos profissionais, uma nova compreensão pela força de cura da ordem.

Estamos descobrindo novamente quanto tempo ganhamos com a organização de nosso dia, quando não nos deixamos levar simplesmente por nossas vontades momentâneas, mas quando nos submetemos a uma ordem auto-imposta. Justamente aquelas pessoas que possuem tendências à depressão, sentem que a ordem pode ser um sustentáculo, no qual conseguem apoiar-se e erguer-se novamente. Para pessoas instáveis, uma ordem firme pode ser um remédio melhor do que a análise psicológica dos problemas. Pois a instabilidade não se cura com visões teóricas, mas instaurando a ordem no caos interior da pessoa. Quando uma vida obtém contornos claros por meio de formas externas, ela não afunda constantemente na ausência de formas da imaturidade humana. Então seria importante que hoje desenvolvêssemos novas formas para nossa vida pessoal e também comunitária. Não formas rígidas e obscuras, mas flexíveis e significativas. Podemos criar nossas próprias formas ou utilizar as que nos foram legadas pela tradição. Estas últimas têm a vantagem de terem sido testadas durante séculos e se mostrado comprovadamente salutares.

Não foi só o movimento da meditação que despertou nas pessoas de hoje uma nova compreensão para as formas, ou seja, para os gestos do corpo, a forma correta de se sentar e de ficar em pé. Nas diversas tentativas de uma nova forma de vida em comunidade também se descobriu o quanto determinados rituais podem ser saudáveis para a vida em comum. Quando o dia não começa aleatoriamente, mas com um ritual predeterminado, quando todos se levantam no mesmo horário e iniciam o dia com uma oração em comum, quando as pessoas se encontram e realizam um ritual de saudação, então o dia não transcorre simplesmente, ele passa a ter contornos, a ter uma forma, da qual pode brotar algo. A respeito das formas que damos a nossa convivência, vale o que Erhart Kästner escreve sobre os ritos da liturgia: "Nos ritos a alma se sente bem. São suas moradas permanentes. Neles é bom viver... a cabeça quer o que é novo, o coração quer sempre a mesma coisa".[4]

A idéia de Bento sobre comunidade

Na literatura moderna, o ser humano freqüentemente aparece como alguém incapaz de realizar um diálogo autêntico. Ele fala sem que o outro preste atenção, ensaia um monólogo diante da outra pessoa. Sente-se solitário, isolado, incompreendido. Não está abrigado numa comunidade, mas "desalojado", estranho num mundo estranho. Por outro lado, principalmente na juventude de hoje, surge uma profunda ânsia de viver em comunidade. Dentre esses jovens, os engajados desistiram de querer mudar a sociedade em grandes demonstrações de protesto, hoje eles querem construir pequenos mundos, nos quais se consegue viver de forma mais humana. A experiência da

---

[4] E. KÄSTNER, *Die Stundentrommel*, Frankfurt, 1978, p. 88.

vida em comum em uma moradia comunitária, na qual as pessoas convivem intensivamente, na qual se discutem os problemas e há um intercâmbio de acolhimento e calor humano, corresponde a esse anseio. O dinheiro é dividido entre todos, e todos se auxiliam mutuamente. Juntos, os moradores de algumas dessas moradias comunitárias tentam ajudar outras pessoas, sobretudo os grupos marginalizados, os deficientes e falidos, prisioneiros, viciados em drogas e imigrantes ilegais.

Por mais idealistas que sejam, esses objetivos muitas vezes fracassam. As pessoas sentem-se sobrecarregadas, não agüentam as tensões. Querem solucionar todos os problemas pessoais e também os dos outros seres humanos, e descobrem que quanto mais problemas tentam solucionar, mais problemas aparecem. Ou então a moradia comunitária torna-se um ninho que acolhe e abriga, mas no qual alguns se refugiam apenas para escapar dos desafios da vida. O ninho segura esses indivíduos e não os deixa voar, não os deixa tornarem-se adultos.

Em todos os lugares encontramos hoje um grande desejo de viver em comunidade. Os cristãos procuram em suas paróquias uma comunidade que os ampare, e muitas vezes se decepcionam por não encontrar o que querem. Muitos se filiam a associações e partidos políticos esperando vivenciar neles uma nova cultura de vida comunitária. Ao invés disso, muitas vezes encontram só rivalidades. A ânsia pela vida em comum só aumenta, mas a experiência de comunidades bem-sucedidas só diminui.

Nessa situação, uma reflexão sobre o que Bento entende por comunidade pode mostrar-nos algumas características essenciais de uma vida em comum bem-sucedida. Ele não nos apresenta uma teoria da vida comunitária, nem uma bela experiência comunitária que parte de um sentimento elevado, mas apenas indicações de como podemos viver juntos, no dia-a-dia. No capítulo 72 ele descreve as condições que possibilitam uma vida em comunidade.

> Assim como existe um fervor amargo e mau, que nos separa de Deus e nos leva ao inferno, existe o fervor bom, que nos separa dos pecados e nos leva a Deus e à vida eterna.
>
> Portanto, esse fervor deve ser convertido pelos monges em ação, com muito amor, o que significa: eles devem ser solícitos e atenciosos uns com os outros; devem tolerar suas fraquezas físicas e de caráter com paciência inesgotável; devem competir na obediência recíproca; ninguém deve dar atenção ao próprio bem-estar, mas muito mais ao bem-estar do outro; devem praticar o amor fraternal uns pelos outros; devem temer a Deus, com amor; devem ser dedicados a seu abade, com amor humilde e sincero. Não devem dar preferência a nada além de Cristo. Que ele nos guie, todos juntos, à vida eterna *(RB 72).*

A primeira exigência é o respeito pelo outro, quando nos curvamos diante do mistério do outro.

Deixamos esse mistério onde está, e renunciamos a querer intrometer-nos nele. Renunciamos também a querer modificá-lo. Respeitosamente acreditamos que Deus ama o outro e indica o melhor caminho para ele. Hoje é quase um vício a pessoa querer penetrar no mistério do outro, com a desculpa de querer ajudá-lo. Sem perceber, muitas vezes a ajuda consiste em orientar o outro de acordo com nossos padrões, nossos fundamentos psicológicos, em vez de ajudá-lo de fato. Em Bento o que determina o convívio, o trato com o outro, é o respeito. E esse respeito baseia-se na fé da presença de Cristo no irmão. Portanto, é mais do que uma postura humana, é algo condicionado religiosamente.

A segunda exigência deriva da postura do respeito: tolerar-se mutuamente. "Que um carregue o fardo do outro" *(Gl 6,2)* foi a frase promovida à lei fundamental da vida comunitária. O monge é para o outro essencialmente um irmão, um irmão que carrega o outro e o tolera. Ele não quer modificá-lo, enquadrá-lo num esquema, mas sim carregá-lo. É solidário com ele, especialmente também com todas as suas fraquezas. Ele tolera as fraquezas físicas do outro, que não consegue mesmo modificar, e também suas fraquezas de caráter (lat. *infirmitates morum*).

Hoje muitas comunidades fracassam porque seus membros se sobrecarregam com a constante exigência mútua de se modificarem. Tolerar-se mutuamente é um elemento essencial da comunidade autêntica.

Naturalmente isso não quer dizer que se deve engolir tudo. Em seu capítulo sobre as punições, Bento prova que também sabe enfrentar problemas, e até de forma conseqüente, não só falando, mas empregando medidas eficazes. Ele sabe qual é o limite até o qual podemos e devemos mudar algo. Sem o decreto básico da tolerância mútua, sentimo-nos sempre com a obrigação de mudar. Existem sempre comportamentos e características no outro que nos incomodam.

Em vez de querermos afastar tudo o que nos incomoda no outro, deveríamos perguntar se Deus não estaria impondo-nos aquele irmão desagradável, se através dele Deus não estaria querendo abalar nossa presunção e nossa auto-afirmação, para nos abrir a seu amor, um amor que tolera todos nós. Os irmãos devem obedecer um ao outro e prestar atenção no que é adequado para o outro. Numa comunidade, uns devem ouvir os outros, dar atenção a suas necessidades e desejos, seus sentimentos e emoções, suas idéias e iniciativas. Um deve aceitar o outro. Bento acha que devemos humildemente assumir responsabilidades pela comunidade, que devemos deixar-nos estimular pelas necessidades da comunidade e colocar-nos a sua disposição, em vez de nos concentrar apenas em nossas necessidades e desejos. A auto-realização pessoal não pode ser colocada acima da comunidade. Só quando nos abrimos a uma comunidade e nos vinculamos a ela, com responsabilidade, é que podemos nos auto-realizar. Uma auto-realização que só leva em conta as próprias necessidades e encara os desejos dos outros com indiferença é uma ideologia. Só no serviço, na responsabilidade, na obediência, na abertura diante do outro, é que nos encontramos com nós mesmos.

Bento descreve a situação emocional da comunidade com a citação latina *caritatem fraternitatis caste impendant*, que quer dizer: "devemos provar com pureza o amor fraternal". A comunidade deve ser marcada pelo amor fraternal. É um amor maduro, não construído sobre sentimentos e emoções. Com a palavra "caste", Bento se refere a um amor que superou aquele patamar no qual projetamos nossos sentimentos sobre o outro e por isso nos sentimos tão ligados a ele, emocionalmente, que ficamos com ciúmes de todos que têm um bom contato com ele.

Bento exige dos irmãos um amor que não exclui os sentimentos, um amor pleno de calor humano, mas também um amor que amadureceu, que vai mais fundo do que nossos sentimentos, que toca no verdadeiro mistério do outro, na presença de Cristo no irmão. Por isso o amor fraterno, com seu fundamento, faz parte do amor a Deus, do respeito diante da presença de Deus no ser humano. Um amor assim é mais do que sentimento, ele se expressa na ação concreta. Nesse amor os irmãos devem servir uns aos outros, diz Bento no capítulo 35 da Regra, sobre o serviço semanal na cozinha. Ele descreve esses serviços com toda a singeleza; os serviços na cozinha, na mesa de refeições, os serviços de limpeza, os cuidados com os enfermos. Tão importante quanto um clima de amor mútuo, é importante para a comunidade que os serviços mais banais do dia-a-dia funcionem; que as pessoas não se preocupem constantemente com o problema da lavagem de louça, que não discutam sobre esse serviço por mais tempo do que na verdade ele levaria para ser realizado. O amor fraternal que deve prevalecer numa comunidade deve ser sempre um amor concreto, que predispõe as pessoas aos serviços diários, e as torna capazes de organizar esses serviços com clareza e sem emoções demais.

Outro elemento que Bento vê como fundamental em seu modelo de comunidade é o amor a Cristo. Devemos colocar Cristo acima de todos os sentimentos de solidariedade humana. Cristo é o fundamento de uma comunidade que pode permanecer unida ao longo do tempo. A comunidade é mais do que a bela experiência de relacionamentos humanos positivos. Quando a comunidade se constrói apenas sobre os sentimentos, surge um egoísmo grupal ou uma decepção e uma resignação, porque as coisas não funcionam muito bem assim. Em sua comunidade de base, Jacques Loew fez uma experiência semelhante à de Bento:

> Como podemos ver, a autêntica comunidade fraternal não se baseia, em primeiro lugar, nos sentimentos. Assim como a casa construída sobre a rocha, ela se fundamenta em Jesus e na palavra de Deus. Isso quer dizer que os sentimentos não têm importância? De jeito nenhum, mas eles vêm depois, como uma flor ou uma

> fruta na árvore. Não é a raiz da árvore. Quando construímos uma equipe, uma comunidade apenas com base na alegria "de nos sentirmos bem juntos", quando em nossas conversas surgem freqüentemente palavras como "ser entendido", "na confiança", "concordo", "não quero julgar", a equipe sempre se situará sobre bases inseguras e se tornará uma preocupação, exigindo muito de nós, a ponto de ninguém mais ter tempo e condições de fazer outras coisas. Mas, quando, pelo contrário, a comunidade for construída sobre a vontade de promover a presença do Senhor e de se comportar de acordo, o resto acontecerá naturalmente.[5]

Assim, o pressuposto principal para a continuidade da existência de uma comunidade, como no caso de um convento, é que ela viva a partir de um objetivo fora dela, é que ela coloque Cristo acima dela. Isso protege a comunidade de uma ideologização, como a que podemos às vezes observar em moradias comunitárias. Como os monges, todos juntos, servem a Cristo e consideram-no o ponto central de suas vidas, eles conseguem, a partir disso, construir uma autêntica comunidade humana, mais duradoura do que os sentimentos de confiança e de acolhimento.

Bento visa uma comunidade de monges. Monge quer dizer, na verdade, "sozinho". Monge é alguém

[5] J. Loew, *Ihr sollt meine Jünger sein*, Freiburgo, 1978, p. 152.

que vive sozinho, que é solitário. Por isso a comunidade, como Bento a concebe, é sempre marcada por uma fértil tensão entre solidão e vida comunitária. A comunidade de Bento não é uma associação de solteirões que querem conforto e bem-estar, não é um ninho acolhedor pelo qual tanta gente hoje anseia, mas uma comunidade madura, na qual cada indivíduo assume conscientemente sua solidão e a suporta diante de Deus. A vida comunitária não é um remédio para a solidão, mas, ao contrário, a comunidade é um local em que o indivíduo se submete à solidão conscientemente, porque a encara como um elemento necessário para o amadurecimento pessoal e religioso. A comunidade preserva o espaço da solidão e protege-o para cada um.

Um princípio básico dessa solidão é o silêncio, que Bento considera um elemento essencial do monacato. Ao calar-se, o indivíduo liberta-se de todos os vínculos com o mundo e com as pessoas para abrir-se a Deus. Para os antigos monges, o silêncio era um sinal de nossa peregrinação na Terra, um sinal de que aqui não temos uma estada permanente, um lugar no qual possamos permanecer para sempre. Quando nos calamos, saímos do mundo, tornamo-nos estranhos ao mundo, para aprendermos que nosso verdadeiro lar está no céu. Em sua comunidade de monges e por meio dela, Bento cria um local de silêncio conjunto, um local em que o "estar junto" é sempre interrompido pela atenção a Deus, diante do qual cada um se deve colocar.

Os conventos beneditinos são cidadelas de silêncio. Nossa sociedade hoje precisa desse silêncio muito mais do que antes. As pessoas adoecem com o barulho constante. Elas anseiam muito poder mergulhar na atmosfera de silêncio. Muitos solteiros sofrem com o silêncio a sua volta. Para eles, o silêncio é sinal de sua solidão. Os monges criam, em conjunto, um espaço para o silêncio. Eles se doam ao silêncio, para que nele possam ouvir a voz de Deus e se tornarem unos com ele. Para eles, o silêncio é um elemento importante no caminho de evolução espiritual. No silêncio eles se encontram a si mesmos, e no silêncio também eles liberam as preocupações e os problemas com os quais muitas vezes se sobrecarregam. Mas o objetivo do silêncio é tornar-se uno com Deus e em Deus, tornar-se uno com todas as pessoas. Assim os monges vivenciam sua solidão como o espaço em que são unos com tudo.

Conclusão

Hoje, 1.500 anos nos separam da vida de Bento de Núrsia. Mas uma olhadela em sua Regra nos mostrou que Bento tem uma mensagem a nos transmitir, para além desse intervalo de tempo. Essa mensagem também nos pode mostrar um caminho, que durante séculos provou ser um caminho a Deus e à cura do ser humano. Precisamos apenas ouvir, com paciência, o que no prólogo Bento exige de seus monges:

> Ouça, meu filho, a orientação do mestre, aproxime o ouvido de seu coração, aceite de boa vontade o conselho do Pai bondoso e siga-o agindo! Assim, pelo esforço da obediência você estará voltando àquilo que abandonou, por causa da indolência da desobediência *(RB Prólogo 1s.)*.

Os ensinamentos do mestre não se referem a Bento, mas a Jesus Cristo, que é nosso verdadeiro mestre. De Bento podemos aprender a ouvir Cristo novamente. Bento quer apenas nos apresentar o evangelho de Jesus Cristo e traduzi-lo, para que seja aplicado em uma forma de vida concreta. Com isso, ele deu uma importante colaboração à cristianização do Ocidente. Permeou as realizações concretas da vida, o trabalho, a oração, a comunidade, o artesanato e a arte com o espírito do evangelho, e assim criou uma cultura de vida cristã, que marca até hoje nossa cultura ocidental. Nas palavras introdutórias de sua Regra, torna-se claro que o caminho espiritual que transforma este mundo no espírito de Jesus é um trabalho duro. Para Bento a espiritualidade não é um luxo para pessoas que já possuem tudo. Ela representa muito mais trabalho, esforço, encontro sincero consigo mesmo, confronto com os próprios padrões de vida, a fim de se deixar impregnar cada vez mais pelo espírito de Jesus.

Para nós a mensagem de Bento hoje é: "Parem de se queixar! Os problemas deste mundo não existem para que se reclamem deles, mas para que sejam solucionados. Façam o que for possível fazer. Construam a seu redor uma comunidade que ampare as pessoas. Pode ser sua família, seu círculo de amigos, sua empresa, a paróquia. Se vocês promoverem uma cultura de vida cristã no local onde moram, ela será como um fermento para este mundo".

Bento não tinha a pretensão de modificar o mundo inteiro. No meio do caos de sua época ele se empenhou em formar uma pequena comunidade que estivesse impregnada pelo espírito de Jesus. Nesse caminho ele teve de passar por vários obstáculos, colocados pelos outros. Mas, sobretudo, Bento teve de enfrentar a resistência dos próprios irmãos. Não é fácil se deixar impregnar pelo espírito de Jesus. Nossos velhos padrões de vida são fortes demais, mas vale a pena. Quando uma pequena comunidade reflete Jesus, ela se torna um fermento para este mundo. O que Jesus disse e fez, torna-se visível na vida em comum dos monges, na forma com que trabalham e rezam, e em como lidam com as coisas deste mundo.

Nós beneditinos não podemos dizer que hoje refletimos Jesus. Mas sentimos que vale a pena, no sentido de Bento, cada vez mais seguir as pistas do evangelho e tornar o espírito de Jesus visível e perceptível para as pessoas de hoje, numa espiritualidade com os pés na terra. E queremos contribuir com nossa vida para que em muitos lugares deste mundo os cristãos se reúnam e se estimulem mutuamente a viver juntos, como cristãos, ajudando a construir um mundo futuro mais humano e cristão.

Impressão e acabamento
Gráfica e Editora Santuário
Em Sistema CTcP
Rua Pe. Claro Monteiro, 342
Fone 012 3104-2000 / Fax 012 3104-2036
12570-000 Aparecida-SP

Você tem em suas mãos um livro da IDÉIAS & LETRAS.
Sem dúvida, gostará de conhecer os outros livros que publicamos e de receber informações sobre nossos próximos lançamentos. Para isso, basta que nos mande preenchida a ficha abaixo, para o endereço:

IDÉIAS & LETRAS Rua Pe. Claro Monteiro, 342
12570-000 – Aparecida - SP

Nome: ....

CPF: .... Sexo: ☐ Fem. ☐ Masc.

Data de nascimento: ___/___/___ Estado civil: ....

Escolaridade: .... Profissão: ....

Endereço residencial: ....

Cidade: .... CEP: ....

Tel. Res. .... Fax: .... E-mail: ....

Endereço comercial: ....

Cidade: .... CEP: ....

Tel. Res. .... Fax: .... E-mail: ....

De que forma tomou conhecimento deste livro?

- ☐ Jornal ☐ Internet ☐ TV ☐ Indicação
- ☐ Revista ☐ Rádio ☐ Mala Direta ☐ Outros

Endereço para recebimento de correspondência: ☐ Residencial ☐ Comercial

Indique suas áreas de interesse:

☐ Economia ☐ Filosofia ☐ Psicologia ☐ Sociologia ☐ Direito

Outras maneiras fáceis de receber informações sobre nossos lançamentos e ficar atualizado:

- ligue grátis: 0800 16 00 04 (de 2ª a 6ª feira, das 8 às 17:30 horas)
- mande um e-mail para: vendas@ideiaseletras.com.br
- visite nosso site www.ideiaseletras.com.br